Dissertazione sulla poesia

Cos'è la poesia? Una domanda che appare banale ma che racchiude in sé una ricerca sull'animo umano. La poesia è creazione e la creazione, quale capacità unica dell'uomo, è l'espressione più alta del genio umano. Ma in cosa consiste fare poesia? Secondo alcuni è la capacità di esprimere in versi delle emozioni o delle situazioni, ma la poesia, almeno quella più recente, ci ha insegnato che non è necessario esprimersi in versi. Allora cosa è necessario per fare poesia? Per rispondere dobbiamo trovare da dove scaturisce la prima forma poetica. No, non si tratta di una ricerca storica, ma di un semplice sguardo al mondo che ci circonda. Vi è mai capitato di trovarvi di fronte ad un tramonto, o in qualche angolo, ormai sempre più raro, dove la bellezza della natura vi tocca il cuore? Quella è stata ed è tuttora la prima forma di poesia. La poesia esisteva dunque da prima dell'uomo, il paradiso terrestre era intriso di poesia. La poesia è dunque bellezza?

No, la poesia può cantare anche le miserie umane, sviscerarle e mostrarcele scevre di censure. Ma se la poesia può parlare sia di bellezza che crudeltà, cos'è?

E' un mezzo per raggiungere il cuore dell'uomo, un qualcosa che riesce a riproporre un'emozione e a trasmettercela. Può essere armoniosa o stridula, piena di luce o priva di essa. Tuttavia la poesia giungerà sempre al cuore. Ci potrà far

piangere, ridere, commuovere o inorridire, ma in ogni caso ci donerà un'emozione.
Ma la poesia è per questo anche una contraddizione, nella bellezza dei suoi versi può far inorridire, nella semplicità causa infinite elucubrazioni. Eppure in tutte queste forme deve sempre esserci una cosa: armonia.
Se viene a mancare l'armonia, sia essa stridente che sinuosa, siamo solo in presenza di una banale raffigurazione di un pensiero.
Può apparire difficile distinguere la poesia in questi termini, ma non importa quale sia il vostro grado di istruzione, non vi sarà nessun critico o professore che vi potrà dire 'questa è poesia', in modo inconfondibile come saprà fare il vostro cuore. Lasciatelo dunque libero quando leggete dei versi e se qualcosa entrerà dentro di voi, allora quella sarà poesia, anche se non la comprenderete fino in fondo vi donerà comunque qualcosa.

La magia della Parola

Ayrin Greenflag

Il calderone di Ceridwyn

Alberi, alti e robusti,
intricato intreccio di paure,
mi impediscono di avanzare,
di raggiungere l'ambita meta.

A fatica giungo in una radura,
una verde luce filtra dall'alto
illuminando un calderone
che reca incisi arcani simboli.

Mi avvicino timoroso
e scorgo una figura umana:
sulla testa corna di cervo.
Mi osserva, silente, immobile

La paura mi strazia.
Mi avvicino al calderone,
guardo al suo interno;
il buio sembra uscirne,

mi avvolge, mi sommerge,
mi soffoca.
Per un attimo interminabile cado.
Poi vedo. . .

E' la vera immagine di me stesso
che mi salva
dalla foresta delle paure
strappandomi via dall'immobilità.

La madre

Mi addentro nella foresta,
assonnata anima umana
ombra tra le ombre degli alberi,
estraneo a questo luogo.

Soffice tappeto di foglie
attutisce il rumore dei passi,
del cammino di un uomo
in cerca di sé stesso.

Il silenzio, nuova dimensione.
La solitudine, radicata fobia.
La debolezza di una mente dormiente
facile preda di folli paure

Un sussurro di vento,
una danza di colori floreali,
una luce di speranza,
un messaggio d'amore.

Mia madre è qui,
io sono qui.
La mia anima si sveglia
nell'abbraccio di un puro amore

La natura

Strali d'ombra sfuggono
dardi di luce abbagliante,
filtrando tra le foglie
infinita fraterna danza.

Come una moneta
le cui facce girando si inseguono,
la luce e l'ombra
a vicenda si creano.

Di roccia in roccia
l'acqua salta giocosa,
gorgolioso canto
d'un'eletta natura.

Veloce il vento l'insegue
serpeggiando tra gli alberi
che divertiti assistono
alla fraterna corsa.

Silente sta la madre
osservando rapita i suoi figli,
e pensa al lor fratello,
e un poco s'attrista.

Da tanto ha lasciato il verde sentiero
ed il bosco festoso,
ma ella l'attende paziente.
Tornerà anche lui a giocare gioioso,

abbandonando la grigia follia
che la fulgida gioia ha oscurato.
Riportando infine il figlio alla madre,
l'uomo alla terra

Mirddyn

Incredulo vedo un nuovo mondo.
Nulla è diverso dal vecchio,
nulla uguale ad esso.
Guardo le mie mani a fondo,

altra materia posson plasmare
che non la povera argilla.
Il creato è uno stupendo crogiuolo
dove portare la realtà di Morfeo.

La mia mente si libra
sollevandosi nell'aere della sapienza,
allargo le mie ali
come il piccolo merlino.

Adesso che son rinato,
a nuova vita consacrato,
questo sarà il mio nome.
E con esso volerò

sopra il drago rosso,
sopra il bianco dragone,
sopra il possente orso,
ad indicar la strada

che porterà gloria
e luce e tenebra,
ed esempio per le future genti
che di noi dal bardo sapranno.

Ci ricorderanno i tre leoni,
la croce purpurea,
la rosa selvatica,
e le segrete case.

Un nuovo occhio s'è aperto.

Il cavaliere

Ti inginocchi di fronte a me,
tremi per l'eccitazione,
il cuore colmo d'orgoglio,
la fede riempie la tua mente.

Un raggio di luce si riflette sull'armatura
scintillante di ingenua giovinezza.
Niente vi è di glorioso nell'armatura,
la cavalleria risiede nel cuore,

ma tu questo non lo sai.
Lo scoprirai tra breve,
calcando i campi di battaglia,
guardando in volto la morte.

Vorrei mandarti via,
farti tornare a casa, dalla tua famiglia.
Invece abbasso tre volte la spada
in nome di san Giorgio.

La tua vita cambierà oggi,
non come credi in cuor tuo.
Ti porterà di fronte alla morte,
e capirai la vita

L'amore

Eccomi.
Finalmente sono tornata.
Molto tempo è passato
da quando ti ho lasciato.

Mi guardo attorno,
il ricordo del passato
come una rondine torna
e vivido si risveglia in me.

E' stata una lunga ricerca,
ma tu lo avevi previsto.
Tu hai sempre saputo
ciò che io ho appreso.

Il mio cuore si ferma.
Ti vedo al centro del prato.
Ti ergi nella tua ferma possanza.
Lacrime di gioia affiorano ai miei occhi.

Mi avvicino tremante e sento i tuoi pensieri.
Chiudo gli occhi e mi abbandono.
I tuoi rami mi sostengono,
i miei arti si tramutano.

La metamorfosi si compie rapida.
Due alberi sorgono nel giardino,
per l'eternità avvinti
in un abbraccio.

Il sentiero

Il battito del mio cuore come impazzito
scandisce l'avanzare della paura.
Un turbine d'alberi mi gira attorno.

Si prendono gioco di me,
con voci silenziose
mi dicono che ho perso la strada.

Fuggo, corro, scappo, inciampo.
Piango. Mentre alzo la testa,
vedo un sentiero tra gli alberi.

Un respiro profondo,
cerco in me il coraggio.
Allontano le mie paure,
ed avanzo tra gli alberi

Giungo ai piedi di una scala di pietra.
Sembra antica quanto il mondo.
Indugio intimorito
osservando i grigi gradini.

Una voce portata dal vento
mi invita a salire.
Cosa troverò
chiedo timoroso

Ogni gradino imparerai qualcosa,
sul passato, sul futuro,
su te stesso, e scoprirai
che non c'è nessuna differenza.

L'alchimista

Fumo di candela, odore di incenso,
fuoco purificatore, calderone ribollente,
vasi di spezie, profumo intenso,
sfera di cristallo, immagine evanescente.

Una scura figura
illuminata da una luce soffusa
si muove tra gli alambicchi sicura,
oscuro rito dietro la porta chiusa.

Inizia la preparazione
della misteriosa pozione.
Fumo intenso vedi salire,
odore acre l'aria riempire.

Ore di attesa attorno al calderone,
ma finalmente è finita.
La nera figura beve la pozione.
La preparazione è riuscita

dell'elisir di lunga vita

Fratelli in armi

Lentamente avanzano
tra le verdi colline
che assistono al passaggio
dell'insolita processione.

Mille e mille uomini
procedono verso la battaglia
portando un fardello di dubbi,
di paure, di speranza.

Armeranno le loro ragioni
per difendere un diritto,
per perorare una causa
e proteggere un'ideale.

Combatteranno con coraggio
contro nemici sconosciuti
che difendono una causa,
un diritto, un'idea.

Se solo parlassero
si accorgerebbero
che hanno preso le armi
contro i loro fratelli

che solo una pelle diversa,
un'altra religione,
un diverso paese,
hanno reso nemici.

Se l'esercito sotterrasse le armi
sotto l'erba alta delle colline
gli uomini potrebbero aprire gli occhi
ed abbracciare dei ritrovati fratelli.

Lamento per un eroe

Il vento soffia sulla collina
piegando l'erba alta,
carezzando la grigia pietra,
portando il suono del flauto.

Lenta la processione
risale il verde fianco
recando l'immoto fardello
verso la sua ultima meta.

Non più rulli di tamburi
prima della furiosa battaglia
né squilli di tromba
a precedere l'allegro ballo,

solo la dolce melodia
d'un flauto che ricorda
la grandezza della vita
che oggi s'è persa,

spegnendo per sempre
la fiamma della vita
d'un eroe che dorme
lasciando dietro di sé

il ricordo di mille battaglie
di un amore pieno,
e per suo figlio l'eredità
d'un mondo migliore in cui vivere.

Il Vento

Il sole sorge sopra i monti
illuminando la valle,
la vita si risveglia
ed io ne gioisco.

Distendo le mie ali
e mi lancio dalla rupe
su cui ho passato la notte
verso la valle sottostante.

L'aria frizzante del mattino,
mi culla come se fossi un bambino,
respiro aria fresca,
il vento mio compagno.

Voliamo assieme
avvolti in un morbido abbraccio,
come teneri amanti,
come un unico spirito.

Gioco col vento
e le sue mille correnti,
ma ora non è più tempo di giocare,
è tempo di cacciare.

Scorgo una preda sotto di me,
un tenero boccone,
indugio un attimo sorretto dal vento,
mentre ringrazio e prego per la sua anima.

Silenzioso e veloce scendo su di lei,
non le farò male,
non sentirà dolore,
solo un attimo il trapasso.

Un acuto dolore, la mia ala trafitta,
vedo la terra corrermi incontro,
chiudo gli occhi mentre sento nella bocca
il sapore del sangue.

Sono a terra, non riesco a muovermi,
sento freddo.
Attendo che il predatore mi porti via.
Una lunga attesa, una vana attesa.
Sono ancora lì quando la notte giunge.

Odo dei passi,
un lupo si avvicina,
prega per la mia anima,
prima di liberarla.

Cervo Rosso

Un giorno nel bosco
ho incontrato un cervo rosso,
ho incrociato il suo sguardo,
mi sono visto riflesso.

La sua paura era la mia,
la sua tristezza era la mia,
la sua speranza era la mia,
anche la sua forza era la mia.

Ci siamo addentrati nel bosco
dove le ombre erano più dense,
dove la paura non ci faceva entrare.
Ancora camminiamo assieme,

due ombre dello stesso spirito.

Richiamo

Sento un canto nel bosco,
un gracido richiamo,
quasi il pianto di un bambino.
Un figlio del bosco.

Non lo so riconoscere,
da troppo vivo lontano dalla natura.
Altri rumori mi sono familiari,
rumori che sento alieni alla mia essenza.

Ascolto il canto,
richiamo ancestrale.
Sembra che chieda aiuto.
Entro nel bosco, ma non vedo.

Solo silenzio

Ascolto il mio cuore,
sembra che chieda aiuto.
Mi appoggi una mano sulla spalla.
Adesso vedo nel bosco.

Lo gnomo

Salto ridente nel bosco ombroso,
rido felice e canto gioioso.
Marmotte, volpi e lupi maculati
giocan con me nei prati innevati

Sembro un bambino
solo perchè son piccino,
ma se il problema è gravoso
divento un medico puntiglioso.

Il mio aiuto dispenso con allegria
e se non basta dico una poesia.
Sotto l'albero secolare
il mio piccolo focolare

Da secoli nel bosco vivo
ma sempre son giulivo
e spesso la natura aiuto
nel suo compito a volte ingrato:

prendersi cura di tutto il creato.

L'altruismo

Il sole sorge illuminando il cielo
e la mia chioma .
Una leggera brezza da sud
mi accarezza dolcemente.

Gli uccelli si alzano in volo,
cantano per me,
una danza nel vento,
una danza di vita.

Un cerbiatto attraversa il prato,
si sofferma guardingo,
mi saluta rispettoso.
Pochi balzi ed è sparito.

Giungono gli uomini,
loro non si accorgono degli uccelli,
litigano per motivi che non comprendo
contendendosi la mia ombra.

Non si accorgono che quel che gli dono
è ben più di un po' di frescura,
è la mia stessa vita,
è la loro vita.

Quando giunge il crepuscolo
è rimasto solo un uomo.
Sta in silenzio osservando il tramonto.
Lo guardo, è un vagabondo.

Si alza sorridendo,
accarezza la mia corteccia.
Con un bacio mi ringrazia
e riprende il suo cammino errabondo

Osservo la sua figura perdersi nella sera
fischiando contento della sua miseria.
Ma io ho visto il suo cuore
colmo di ricchezza d'amore.

Una speranza.

La porta di quercia

Neve, soffice e soave
cade leggera ammantando la campagna,
Il freddo vento del nord accompagna
una scura figura che cammina silente

In braccio porta un piccolo fardello,
gonfio il cuore d'incertezza,
amara lotta tra l'amore
e la misera realtà.

Gli occhi si velano di lacrime
alla vista della croce
incisa sulla porta di quercia.

Incerta la donna guarda il volto
del bambino dormiente
che reca in braccio.

Un bacio,
un fugace addio,
una corsa sulla neve

che le fa abbandonare
l'unico amore
che non avrebbe perso

mai.

All'imbrunire

Dall'alto della collina osservo
onde sul grano sospinte
dal caldo vento estivo
correre sul giallo campo avvinte.

Nel vento nere figure ondeggiano
dalle forti correnti cullate.
Sopra la verde valle si librano
lanciando il loro richiamo.

Come il bimbo dalle paure protetto,
il vento sorregge i suoi figli.
La terra sfama ogni creatura,
affettuosa madre dondola la culla

Un piccolo pettirosso
per terra cerca il chicco dorato.
Un affettuoso padre
porta una caramella colorata.

Una rana guarda la luna
gracidando nello stagno.
Una ragazzina canta
pettinandosi allo specchio.

Uno scoiattolo mangia una noce
aspettando il ritorno del compagno.
Una donna ricama una coperta
per scaldare la notte del suo uomo.

Lontano, sul ramo di un albero,
la civetta osserva il sole
lasciare il posto alla luna.
Che la natura faccia il suo corso.

Sotto il portico, su un dondolo,
il vecchio osserva il bambino
che dorme nella culla beato.
Sarà lui a terminare ciò che è stato iniziato.

Le ultime ore del giorno

Guardi il tramonto con volto sereno,
il cammino lungo, costellato di dolore,
ogni avversità come veleno,
respiri profondamente e ti perdi nel rosso colore.

Il sole tramonta lento,
mentre guardi al passato,
e le lacrime salgono ricordando ciò che è stato,
una figura contro il sole distingui a stento.

Allunga una mano, e scuote il tuo essere
ti regala un sorriso,
tu la guardi stupito,
perchè mi dai senza volere?

Non tutto nella vita è dato
per poi venire chiesto indietro,
tu hai dato conoscenza,
ma non ne sei rimasto senza.

Io ti ho dato un po' d'amore
in queste del giorno le ultime ore,
per molti è una cosa futile
ma l'importante è non sentirsi inutile.

Spalanchi gli occhi stupito,
guardi il sole che si spegne sopito.
Sul tuo volto affiora un sorriso,
che sciocco, solo adesso ho capito.

L'universo

Appesa ad una roccia
mi lascio dondolare
dal caldo vento estivo
che porta mille profumi.

Sono solo una goccia,
ma il vento riflette in me
immagini di mondi lontani.

Smisurate foreste di pini,
immense distese di sabbia,
profondi oceani,

fredde distese di ghiaccio,
calde spiagge tropicali,
alte vette sul tetto del mondo.

Tutto questo è parte di me
ed io sono parte del tutto.
Libera lascio la roccia
e cado verso il placido stagno

con una consapevolezza
a pochi rivelata
io contengo l'universo.

Luna

Vedo la luna tra le fronde di un albero,
l'ombra della pianta non ne oscura la luce,
la sua regale bellezza disperde le tenebre
illuminando il mio cammino.

Vedo te tra la folla,
l'insulsa gente non ti oscura,
la tua bellezza dà un senso al mondo,
la tua luce dà forza al mio cuore.

Cinzia

Un sinuoso salice rosso
dondola dal vento mosso,
armonioso movimento
del tuo fianco ondeggiante.

L'eleganza è una dote innata,
nel passo sicuro la regalità
traspare come nella limpida
acqua di un lago di montagna.

La nobiltà d'animo è rara,
come la perla di giada
che risplende nei tuoi occhi
quando lo spirito si infiamma

facendo intravedere abissi di fuoco
le cui fiamme minacciano d'avvampare
come i riccioli dei tuoi capelli
rossi come la passione che arde

dentro al tuo cuore gentile
fluendo libera dalle tue mani
plasmando il colore in infinite forme
liberando figure altrimenti racchiuse

nelle stelle dei tuoi occhi,
nella magia delle tue dita,
nel profondo del tuo cuore,
nel fuoco della tua anima.

Un dono

Due stelle son scese dal cielo
in un verde campo
per crear gli occhi tuoi.

Un tenero bocciuol di rosa
ha ceduto i petali suoi
per crear le tue belle labbra.

Un angelo si è riflesso
in uno specchio d'acqua
per crear il volto tuo.

Un sinuoso fiume
ha dato gli argini suoi
per dar forma a dolci fianchi.

Un toro ha ceduto
la sua forza naturale
per dar vigore ai muscoli.

Una pantera ha dato
la sua eleganza
ai movimenti tuoi

La mente vivace
di un bambino
che vuole conoscer tutto

Uno spirito nobile
d'amore colmo
per tenere uniti i doni

E dare al mondo
una dea, una donna
per portar la luce

e fugar le ombre
nel cuore di un uomo
che si sarebbe altrimenti perso.

500 Anni

Cinquecento anni son passati
da quando vidi la luce
per la prima volta.

Son cresciuto all'ombra dei padri,
riparato dai forti raggi del sole,
protetto dagli imponenti monsoni.

Assistendo al passaggio degli anni
son stato casa per uccelli
e per migliaia di insetti riparo.

Ho protetto i figli miei
riparandoli sotto i rami folti,
trattenendoli con le mie radici.

Ovunque mi girassi
il mio sguardo incontrava
i miei fratelli, i miei padri.

Oggi son giunti degli uomini,
hanno iniziato a battere il mio tronco,
ho sentito un gran dolore.

Non capiscono che tagliandomi
mi condannano a morire,
a lasciare il bosco dei miei padri.

Cado a terra ormai finito,
odo le loro voci parlar di posto
per dieci nuovi alberi.

Contento lascio che mi smembrino,
sopportando il dolore,
lasciando la mia amata valle.

Ancora non so che non pianteranno
altri dieci giovani a rimpiazzar
questo vecchio tronco,

che oggi contento muore,
lasciando questa valle
dopo cinquecento anni.

Gli occhi

Un vento freddo
mi avvolge il cuore
quando i tuoi occhi
sono lontani da me.

Un brivido mi percorre,
portandomi indietro nel tempo,
quando una coltre di neve
copriva nascondendo i sentimenti.

Oggi non esiste inverno,
un caldo sentimento
percorre le mie membra
dando nuova linfa ai pensieri.

L'ultimo ricordo del gelo
svanisce come neve al sole
quando il tuo sguardo
sorride dentro gli occhi miei.

L'iniziazione

Gli occhi brillano
di nuova conoscenza
mentre descrivi concitata
l'esito di 'sì lunga cerca.

Mostri le antiche pagine
del libro ritrovato,
custode di sapienza perduta,
scritto in epoche remote.

Mostri gli antichi caratteri,
arcani glifi mai osservati,
le cui verità spieghi solerte
rivelando delle ere mille segreti.

Ti fermi osservando il mio volto
tranquillo e sorridente
gioire per la tua scoperta,
ed allora comprendi

che nulla era andato perduto,
era solo custodito da pochi.
Da quei custodi celati
di cui adesso sei parte.

L'anima gemella

Essere parte del tutto,
poter scrutare l'infinito,
spostarsi nel multiverso
in un solo breve istante.

Essere dio
e la più piccola
delle sue creazioni
nello stesso istante.

Accorgersi di essere
l'immensità del cosmo
in ogni sua forma,
e sentirsi solo.

Come l'ultimo essere
di una razza ormai estinta,
la cui intima solitudine
appare priva di logica.

Rendersi conto
di essere in cerca
di qualcosa di unico
nell'immensità del creato,

ed incontrare finalmente
un raggio di luce
che riscalda il cuore
e dona un senso di pace.

Requiem

Lenta suona la campana,
triste lamento per l'ultimo addio.
E' morta la morte,

l'uomo l'ha uccisa
trafitta nella dignità
l'ha privata di significato.

Allontanata dalla vista
il rimorso è scomparso
permettendo stragi di animali,

rinchiusa in contenitori
senza l'odore del sangue,
trattata come un oggetto,

la morte guarda l'uomo
che soddisfatto ha privato
la parola del suo significato.

Nell'indifferenza del trapasso
è morto il decoro dell'uomo
portando in vita la morte.

Sensi

*Non vi è una ragione
che potrà mai spiegare
cosa accade quando
un soffio di vento
accarezza leggero
l'anima di un uomo
svegliando sensazioni
sopite e quasi
abbandonate.
Un brivido soave
percorre la pelle
destando ancestrali
ricordi di altre vite,
come il battito d'ali
d'una soave farfalla
capace di far vibrare
i sensi e l'anima*

Lo sciamano

Solitario mi ergo al centro della radura,
un bianco mantello ammanta la mia figura.
Attorno a me alberi osservano immoti.
Con lenti movimenti accendo i fuochi.

Silenzioso, frate vento dal monte scende,
attraversando le colline con passo silente
sospinge con grazia una lontana fragranza,
soave piega l'erba accanto al piè che danza.

Un'antica nenia accompagna il richiamo
di forze ancestrali invocate dallo sciamano,
cadenzato il ritmo del piede sull'erba,
alto sale il fumo dalla pira che arde.

Della terra è giunto l'atavico spirito,
con passo greve entra nel cerchio magico.
Invocato dal figlio con antico canto
per sollevare del futuro il pesante manto.

Antica sapienza si dirama dai suoi occhi
come la delicata tela di un ragno.
Il suo sguardo giunge da tempi antichi
rivelando l'avvento di un nuovo regno.

Un tempo non più dedicato alla natura.
Lasciata in disparte l'antica genitrice
l'uomo costruirà un apparecchiatura
che del buon senso sarà la distruttrice.

Perso apparirà l'antico ideale cortese,
inutile la battaglia del solitario cavaliere,
infranto il sogno del mago sovrano,
le ragioni soppiantate dal denaro.

Sorgerà nella tenebrosa ora
una luce splendente dell'antica arte.
Ella sarà la sua unica signora,
la verità si solleverà a sua parte.

Finta è la danza nell'affannoso respiro
nel silenzio riposa l'antico spirito,
nella pietra incisa la preziosa sapienza,
dopo millenni servirà a guidar nuova semenza.

Indelebili pensieri

Lettere,
impresse su pagine,
come orme sulla sabbia
che la marea celerà.

Acqua o fuoco le cancelleranno
dalla spiaggia della vita,
portando l'oblio del tempo
sui pensieri di chi è stato,

sulla strada percorsa
da errabondi viaggiatori,
le cui orme sono impresse
solo un attimo su questo lido.

Lascio la mia orma
in quest'effimera realtà,
ma un'indelebile pensiero
nel libro eterno del tutto

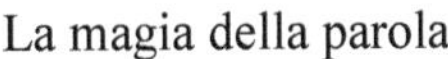

A Mino Vitali, maestro d'una vita.

A Cinzia che ha risvegliato le passioni.

www.ingramcontent.com/pod-product-compliance
Ingram Content Group UK Ltd.
Pitfield, Milton Keynes, MK11 3LW, UK
UKHW020232250726
13967UKWH00001B/315

9 781445 794976